浙江省安全生产条例

中国法制出版社

浙江省安全生产条例

ZHEJIANG SHENG ANQUAN SHENGCHAN TIAOLI

经销/新华书店

印刷/保定市中画美凯印刷有限公司

开本/850 毫米×1168 毫米　32 开　　印张/1　字数/14 千

版次/2023 年 2 月第 1 版　　2025 年 10 月第 6 次印刷

中国法制出版社出版

书号 ISBN 978-7-5216-3303-0　　定价：6.00 元

北京市西城区西便门西里甲 16 号西便门办公区

邮政编码：100053　　传真：010-63141600

网址：http：//www.zgfzs.com　　**编辑部电话：010-63141673**

市场营销部电话：010-63141612　　**总编室电话：010-63141606**

（如有印装质量问题，请与本社总编室联系。）

目　录

浙江省人民代表大会常务委员会
公　告

〔2022〕86 号

《浙江省安全生产条例》已于 2022 年 11 月 24 日经浙江省第十三届人民代表大会常务委员会第三十九次会议修订通过，现予公布，自 2023 年 3 月 1 日起施行。

浙江省人民代表大会常务委员会

2022 年 11 月 24 日

浙江省安全生产条例

（2006年7月28日浙江省第十届人民代表大会常务委员会第二十六次会议通过　根据2009年11月27日浙江省第十一届人民代表大会常务委员会第十四次会议《关于修改〈浙江省安全生产条例〉的决定》第一次修正　根据2014年5月28日浙江省第十二届人民代表大会常务委员会第十次会议《关于修改〈浙江省松材线虫病防治条例〉等七件地方性法规的决定》第二次修正　2016年7月29日浙江省第十二届人民代表大会常务委员会第三十一次会议第一次修订　2022年11月24日浙江省第十三届人民代表大会常务委员会第三十九次会议第二次修订）

目　　录

第一章　总　　则

第一条　为了加强安全生产工作，防止和减少生产安全事故，保障人民群众生命和财产安全，促进经济社会高质量发展，根据《中华人民共和国安全生产法》和其他有关法律、行政法规，结合本省实际，制定本条例。

第二条　在本省行政区域内从事生产经营活动的单位的安全生产以及相关监督管理，适用本条例；法律、行政法规和省的地方性法规对消防安全、道路交通安全、铁路交通安全、水上交通安全、民用航空安全、建设工程安全、油气管道安全、核与辐射安全、特种设备安全等另有规定的，适用其规定。

第三条　安全生产工作坚持中国共产党的领导。

安全生产工作应当以人为本，坚持人民至上、生命至上，把保护人民生命安全摆在首位，树牢安全发展理念，坚持安全第一、预防为主、综合治理的方针，从源头上防范化解重大安全风险。

安全生产工作坚持党政同责、一岗双责、齐抓共管、失职追责，强化和落实生产经营单位主体责任与政府监管责任，建立生产经营单位负责、职工参与、政府监管、行业自律和社会监督的机制。

第四条 生产经营单位应当根据法律、法规规定和本单位生产经营活动的特点，建立健全全员安全生产责任制和安全生产规章制度，加大对资金、物资、技术、人员的投入保障力度，构建安全风险分级管控和隐患排查治理双重预防机制，接受政府监管和社会监督，提高安全生产水平，确保安全生产。

第五条 各级人民政府应当加强对安全生产工作的领导，建立健全覆盖本行政区域的安全生产监管责任体系和安全生产工作协调机制，加强安全生产基础设施建设和安全生产监管能力建设，保障对安全生产监督管理、宣传教育培训、应急救援等方面的资金投入。

乡镇人民政府、街道办事处以及开发区（园区）、港区、风景区等各类功能区（以下统称功能区）管理机构，应当明确负责安全生产监督管理的工作机构及其职责，配备必要的工作人员，将安全生产纳入基层网格化管理范围，按照职责对本行政区域或者管理区域内生产经营单位安全生产状况进行监督检查和指导服务，协助人民政府有关部门或者按照授权依法履行安全生产监督管理职责。

第六条 县级以上人民政府应急管理部门对本行政区域内安全生产工作实施综合监督管理，对其职责范围内生产经营单位的安全生产工作实施监督管理。

其他有关部门应当遵循管行业必须管安全、管业务必须管安全、管生产经营必须管安全的原则，按照法律、法规的规定和本级人民政府确定的职责对本行政区域内有关行业、领域的安全生产工作实施监督管理。

应急管理部门和对有关行业、领域的安全生产工作实施监督管理的部门，统称负有安全生产监督管理职责的部门。

第七条 县级以上人民政府设立的安全生产委员会，在本级人民政府领导下履行以下职责：

（一）分析研判安全生产形势，研究解决安全生产监督管理工作中的重大问题；

（二）统筹协调、部署指导、督察考核安全生产工作；

（三）研究确定成员单位安全生产工作责任清单、任务清单，报本级人民政府批准后执行；

（四）建立并落实安全生产巡查、约谈、挂牌督办等制度；

（五）完成上级安全生产委员会和本级人民政府交办的其他安全生产工作。

对新兴行业、领域的安全生产监督管理职责不明确的，安全生产委员会应当加强部门间协商协调，按照业务相近的原则，研究确定部门职责分工，报本级人民政府批准后执行。

安全生产委员会办事机构设在同级应急管理部门，承担安全生产委员会日常工作。安全生产委员会可以根据需要设立专业委员会，协调、指导重点行业、领域安全生产工作。

第八条 各级人民政府主要负责人对本行政区域内安全生产工作全面负责；分管安全生产工作的负责人直接负责安全生产工作；其他分管负责人在履行分管行业、领域领导职责的同时，履行安全生产工作领导职责。

县级以上人民政府应当将安全生产工作纳入对本级人民政府负有安全生产监督管理职责的部门及其负责人和下级人民政府及其负责人的考核内容，并将考核结果作为对其考核评价的重要依据。

第九条 省应急管理部门和省其他负有安全生产监督管理职责的部门应当依托一体化智能化公共数据平台，统筹推进本行业、领域安全生产监督管理的数字化改革，加强安全生产数据共享和业务协同，提升安全生产监督管理的数字化水平。

设区的市、县（市、区）人民政府及其有关部门应当加强本地区重点行业、领域的安全生产数字化监管，根据实际开发、运用安全生产风险监测、隐患排查、事故调查、应急救援、行政执法等方面的特色应用场景，提升安全风险管控、事故隐患治理和应急处置的能力。

鼓励生产经营单位运用物联网、大数据和人工智能等先进技术，推进安全生产数字化建设，提升安全生产管理能力。

第十条　省应急管理部门应当会同省其他负有安全生产监督管理职责的部门与长三角地区及其他周边省份有关部门，建立安全生产工作协作机制，统筹协调安全生产重大问题，构建信息互通、资源共享、联勤联动的安全管理体系，推进应急救援体系一体化建设，强化重大安全风险联合管控、应急预案衔接与协同救援处置，开展跨区域安全生产执法联动。

第二章　生产经营单位的安全生产保障

第十一条　生产经营单位应当将安全生产管理贯穿生产经营全过程，建立健全从主要负责人到一线从业人员的全员安全生产责任制，明确各岗位的责任人员、责任范围和考核标准等内容，并向本单位全体从业人员公示。

生产经营单位使用劳务派遣人员、灵活用工人员的，应当将其纳入本单位从业人员安全生产统一管理。

第十二条　生产经营单位应当建立健全下列安全生产管理制度，明确相关操作规程并予以落实：

（一）安全生产投入及费用管理；

（二）安全生产教育、培训；

（三）场所、设施、设备安全管理；

（四）安全风险分级管控；

（五）安全检查和事故隐患排查治理；

（六）劳动防护用品配备和管理；

（七）应急预案管理和救援；

（八）生产安全事故报告和处置；

（九）其他保障安全生产的管理制度。

从事危险作业或者生产经营场所、设施、设备存在较大危险因素的，生产经营单位还应当制定专项安全生产管理制度。

小型、微型企业等规模较小的生产经营单位，可以根据本单位实际，制定综合性安全生产管理制度。

第十三条 生产经营单位主要负责人是本单位安全生产第一责任人，对本单位安全生产工作全面负责。

生产经营单位主要负责人应当履行《中华人民共和国安全生产法》和其他法律、法规规定的职责，每季度研究安全生产工作并组织全面检查，每年通过职工大会或者职工代表大会、信息公示栏等方式向从业人员通报安全生产工作情况。

第十四条 矿山、金属冶炼、建筑施工、船舶修造（拆解）、运输单位，危险物品的生产、经营、储存、装卸单位，以及使用危险化学品数量构成重大危险源的生产单位，应当按照下列规定设置安全生产管理机构、配备专职安全生产管理人员：

（一）从业人员不足五十人的，应当配备专职安全生产管理人员；

（二）从业人员五十人以上不足一百人的，应当设置安全生产管理机构，并配备两名以上专职安全生产管理人员；

（三）从业人员一百人以上不足三百人的，应当设置安全生产管理机构，并配备三名以上专职安全生产管理人员；

（四）从业人员三百人以上的，应当设置安全生产管理机构，并按照不低于从业人员百分之一的比例配备专职安全生产管理人员。

前款规定以外的其他生产经营单位，应当按照下列规定设置安全生产管理机构、配备安全生产管理人员：

（一）从业人员不足一百人的，应当配备专职或者兼职安全生产管理人员；

（二）从业人员一百人以上不足五百人的，应当配备专职安全生产管理人员；

（三）从业人员五百人以上的，应当设置安全生产管理机构，并配备两名以上专职安全生产管理人员。

法律、法规和国家有关规定严于本条例规定的，从其规定。

第十五条 生产经营单位的安全生产管理机构和安全生产管理人员应当履行《中华人民共和国安全生产法》和其他法律、法规规定的安全生产职责，并及时将履职情况报告本单位有关负责人。

生产经营单位作出下列涉及安全生产的经营决策，应当听取安全生产管理机构和安全生产管理人员的意见，并如实记录意见听取情况：

（一）安全生产投入计划；

（二）新建、改建、扩建工程项目计划；

（三）重大设施、设备、工艺流程变更计划；

（四）生产经营布局调整计划；

（五）生产经营项目、场所、设备的发包或者出租计划；

（六）其他涉及安全生产的经营决策。

第十六条 矿山、金属冶炼、建筑施工、船舶修造（拆解）、运输单位，危险物品的生产、经营、储存、装卸单位，以及使用危险化学品数量构成重大危险源的生产单位，其主要负责人和安全生产管理人员，应当自任职之日起六个月内，经主管的负有安全生产监督管理职责的部门对其安全生产知识和管理能力考核合格。发生人员死亡生产安全事故的，其主要负责人和安全生产管理人员应当重新参加安全培训，并考核合格。

负有安全生产监督管理职责的部门组织生产经营单位主要负责人和安全生产管理人员进行培训的，不得收费。鼓励采用数字化手段开展线上培训。

省负有安全生产监督管理职责的部门应当按照分类分级的要求，协调培训和考核计划，避免重复培训和考核。

第十七条 生产经营单位应当对下列从业人员及时进

行安全生产教育和培训：

（一）新进或者换岗的从业人员；

（二）属于国家规定的高危行业、领域离岗三个月以上，以及其他行业、领域离岗六个月以上的从业人员；

（三）采用新工艺、新技术、新材料或者使用新设备的有关从业人员。

未经安全生产教育和培训的从业人员，不得上岗作业。生产经营单位应当通过电子或者书面形式，如实记录安全生产教育和培训的时间、内容、参加人员以及考核结果等情况。

鼓励大型企业和其他有条件的生产经营单位建立安全生产教育实践基地，开展从业人员安全生产技能培训。安全生产教育实践基地可以向社会开放。

第十八条 生产经营单位应当建立健全安全风险分级管控制度，对本单位安全风险进行辨识、评估和分级，实行安全风险责任和管控措施清单化管理，并根据动态评估情况进行调整，提高安全生产水平和事故防范能力。

生产经营单位应当在生产经营区域显著位置设置安全风险公告栏，公布安全生产主要风险点、风险类别、风险等级、管控措施、应急措施、管控责任人，并及时更新。

第十九条 生产经营单位对重大危险源应当登记建档，进行定期检测、评估、监控，制定应急预案，并根据工艺特点对有关设施、设备安装紧急停止装置。

生产经营单位应当按照国家有关规定将本单位重大危险源以及有关安全措施、应急措施报县（市、区）人民政府应急管理部门和有关行业主管部门备案。备案的重大危险源经安全评价或者安全评估不再构成重大危险源的，生产经营单位应当报原备案部门核销。应急管理部门和有关行业主管部门应当通过相关数字化应用场景实现信息互联共享。

第二十条 生产经营单位应当建立健全生产安全事故隐患排查治理制度，定期组织排查生产安全事故隐患。

对排查发现的事故隐患，生产经营单位应当立即组织排除；对不能立即排除的事故隐患，应当制定治理方案，落实整改措施、责任、资金、时限和应急预案。事故隐患涉及其他单位的，应当协商处理，必要时可以报告负有安全生产监督管理职责的部门或者所在地乡镇人民政府、街道办事处以及功能区管理机构协助处理。

第二十一条 生产经营单位进行爆破、吊装、动火、临时用电、有限空间作业和国家规定的其他危险作业，应当安排专门人员进行现场安全管理，并落实下列安全措施：

（一）作业前完成作业现场危险危害因素辨识分析、安全防护措施落实以及相关内部审签手续；

（二）确认作业人员具备上岗资质或者技能，身体状况和劳动防护用品配备符合安全作业要求；

（三）告知作业人员危险危害因素、安全作业要求和应急措施；

（四）发现直接危及人身安全的紧急情况时，采取应急措施，停止作业并撤出作业人员；

（五）执行国家和省其他有关危险作业的规定和本单位危险作业管理制度。

生产经营单位委托其他具有专业资质的单位进行危险作业的，应当在作业前与接受委托的作业单位签订安全生产管理协议，明确各自的安全生产管理职责。接受委托的作业单位在危险作业前应当制定危险作业方案，落实安全防护措施，并设置作业现场的安全区域。

第二十二条 生产经营单位在生产经营过程中使用或者产生可燃爆的粉尘、气体、液体等爆炸性危险物质的，应当保证作业场所的建筑物、构筑物、电气设备以及通风除尘、防静电、防爆等安全设施，符合国家相关防燃爆标准要求，并落实下列安全措施：

（一）执行爆炸性危险作业场所安全管理制度；

（二）按照国家标准、行业标准定期对电气设备和通风除尘、防静电、防爆等安全设施进行检测和维护保养；

（三）按照规定控制作业场所爆炸性危险物质的存放数量；

（四）按照国家标准、行业标准定期清理可燃爆粉尘；

（五）对作业人员进行安全操作规程和应急措施培训。

第二十三条 使用机械冲压设备的生产经营单位应当

按照国家和省有关规定以及相关标准要求，安装和使用安全防护装置，并定期维护保养。

从业人员发现机械冲压设备不符合前款规定的，有权停止作业并报告本单位有关负责人。

第二十四条 取得不带储存的危险化学品经营许可证的单位，不得将危险化学品储存在供货单位和用户单位符合安全条件的专用仓库、专用场地或者专用储存室之外的场所。危险化学品商店内只能存放民用小包装的危险化学品。

第二十五条 使用危险化学品从事生产的企业应当在投产之日起六个月内，委托具备国家规定资质条件的机构，对本企业安全生产条件进行安全评价，提出安全评价报告并按照规定备案。安全评价每三年进行一次。

第二十六条 矿山、金属冶炼、建筑施工、船舶修造（拆解）、运输单位，危险物品的生产、经营、储存、装卸单位，以及使用危险化学品数量构成重大危险源的生产单位，应当按照国家有关规定建立安全生产承诺制度，向社会和全体从业人员公开安全承诺，接受各方监督。

第二十七条 经营高空、高速、水上水下、探险等高风险项目的单位应当制定安全操作规程，每日投入运营前对涉及人身安全的设施、设备进行试运行和例行安全检查，并对安全附件和安全保护装置进行检查确认。

第二十八条 小微企业园运营单位应当与园区内生产

经营单位签订安全生产管理协议，明确各自的安全生产管理职责和应当采取的安全措施，并指定安全生产管理人员进行安全检查与协调。

第三章　安全生产的监督管理

第二十九条　县级以上人民政府应当根据本行政区域内安全生产状况，组织有关部门按照职责分工，对容易发生生产安全事故的生产经营单位进行严格检查。发现事故隐患或者安全生产违法行为的，有关部门应当及时依法处理。

应急管理部门应当按照分类分级监督管理的要求，制定安全生产年度监督检查计划；其他负有安全生产监督管理职责的部门应当制定安全生产年度监督检查计划或者将安全生产监督检查工作纳入本部门年度监督检查计划。安全生产委员会及其专业委员会应当加强对年度监督检查计划的统筹协调。

同一类对象或者事项涉及多个监管主体的，负有安全生产监督管理职责的部门应当按照《浙江省综合行政执法条例》等规定，实行联合检查，防止监管缺位、避免重复检查。

第三十条　负有安全生产监督管理职责的部门应当根据各自职责，对下列生产经营单位和场所进行重点检查：

（一）属于国家规定的高危行业、领域的生产经营单位；

（二）近三年发生过人员死亡生产安全事故的生产经营单位；

（三）纳入安全生产失信行为联合惩戒对象的生产经营单位；

（四）存在重大事故隐患的生产经营单位；

（五）试生产或者复工复产的生产经营单位；

（六）人员密集的生产经营场所；

（七）与居住场所在同一建筑物内的生产经营场所；

（八）其他应当重点检查的生产经营单位和场所。

第三十一条 负有安全生产监督管理职责的部门依法对生产经营单位进行监督检查时所行使的职权，依照《中华人民共和国安全生产法》和其他法律、法规的规定执行。

乡镇人民政府、街道办事处以及功能区管理机构，依法对本行政区域或者管理区域内生产经营单位进行监督检查时，可以行使下列职权：

（一）进入生产经营单位进行检查，调阅有关资料，向有关单位和人员了解情况；

（二）对检查中发现的安全生产违法行为，督促当场予以纠正或者限期改正；

（三）对检查中发现的事故隐患，责令立即排除；生产经营单位拒不排除的，报告负有安全生产监督管理职责的部门；

（四）对检查中发现的重大事故隐患，责令立即排除并报告负有安全生产监督管理职责的部门。

对前款规定的报告，负有安全生产监督管理职责的部门应当及时予以处理和答复。

第三十二条 负有安全生产监督管理职责的部门对检查中发现的事故隐患，应当责令立即排除；重大事故隐患排除前或者排除过程中无法保证安全的，应当责令生产经营单位从危险区域内撤出作业人员，责令暂时停产停业或者停止使用相应设施、设备。

重大事故隐患排除后，生产经营单位申请恢复生产经营和使用相应设施、设备的，负有安全生产监督管理职责的部门应当自收到申请之日起10日内进行现场检查，核实重大事故隐患排除情况。经负有安全生产监督管理职责的部门审查同意后，生产经营单位方可恢复生产经营或者使用相应设施、设备。现场检查工作应当由两名以上执法人员进行，并根据相关行业技术规范的要求，由有关安全生产专家一同参加。

第三十三条 省应急管理部门应当会同发展改革、公安、交通运输、自然资源、生态环境、市场监督管理等部门建立危险化学品安全管理数字化系统，实施跨部门、跨层级、跨区域数据共享和业务协同，对危险化学品生产、经营、运输、使用、废弃处置等环节进行全过程智能化管理和监控。

生产经营单位应当及时将危险化学品信息录入危险化学品安全管理数字化系统并动态更新，保证信息的真实、准确、完整。

第三十四条 省、设区的市以及化工园区所在县（市）应当编制化工产业发展规划，制定化工产业禁止、限制和控制目录，优化产业结构。设区的市、化工园区所在县（市）应当根据化工产业发展规划，编制化工行业安全发展规划，明确风险防控、安全保障等要求。

化工园区的设立应当符合国土空间规划和化工产业发展规划的相关要求，并报有管理权限的人民政府批准。新建危险化学品生产建设项目应当进入化工园区，资源类和为其他行业配套的危险化学品建设项目除外。

化工园区应当加强对危险化学品等危险物品运输车辆停放秩序的管理，并根据园区实际建设或者划定危险物品运输车辆专用停放场所。

第三十五条 危险物品的生产、储存场所与居民区（楼）、学校、医院、车站、码头、商场、集贸市场等人员密集场所之间的安全距离，应当符合国家和省有关规定。安全距离不符合国家和省有关规定的，县级以上人民政府应当采取措施，消除事故隐患。

制定、修改国土空间详细规划涉及危险物品生产、储存场所的，应当征求有关负有安全生产监督管理职责的部门的意见，对国家和省规定的安全距离予以明确；国土空间详细规划未明确安全距离的，自然资源主管部门出具前款规定场所的相关规划条件时应当予以明确。

第三十六条 负有安全生产监督管理职责的部门依法扣押、没收的危险物品，应当储存在符合安全条件的专用仓库、专用场地或者专用储存室内。

设区的市、县（市、区）人民政府应当设置或者依托有条件的生产经营单位、社会组织确定，用于储存扣押、没收危险物品的专用仓库、专用场地或者专用储存室。负有安全生产监督管理职责的部门装卸、运输、储存、处置依法扣押、没收危险物品的相关费用，纳入本级财政预算。

第三十七条 港区内新建、改建、扩建下列建设项目，由应急管理部门依法进行安全条件、安全设施设计审查和建设项目运营的安全生产监督管理：

（一）生产危险化学品的建设项目以及与该建设项目整体立项的储存建设项目；

（二）使用危险化学品从事生产的建设项目以及与该建设项目整体立项的储存建设项目；

（三）与港区外生产危险化学品的建设项目、使用危险化学品从事生产的建设项目通过管线相连，且与该建设项目整体立项的储存建设项目；

（四）对前三项规定的储存建设项目单独改建、扩建的项目；

（五）从事油品销售活动的加油站。

港区内新建、改建、扩建仅与码头相连的危险化学品储存建设项目，以及专门为港口企业的装卸设备、非运营车辆供应油品的加油站，由港口行政管理部门依法进行安全条件、安全设施设计审查和建设项目运营的安全生产监督管理。

国家对县级以上人民政府有关部门在港区内的安全生产监督管理职责分工另有规定的，从其规定。

第三十八条 港口所在地港口行政管理部门按照国家和省有关规定，对港区内危险物品装卸、过驳、储存等作业实施监督检查时，应当重点巡查危险物品装卸和储存区域，并根据危险物品特点对危险物品仓储经营单位的分类堆放、物品查验、安全设施、风险防控、隐患治理等安全生产情况进行检查；发现事故隐患的，应当及时处理。

港口所在地港口行政管理部门应当会同海事、海关、应急管理等部门建立健全港区内集装箱堆场危险物品联合检查机制。对危险物品瞒报、谎报或者危险物品包装不符合标准等违法行为，有关部门应当依法查处。

第三十九条 设区的市燃气主管部门和县（市、区）人民政府确定的部门负责本行政区域内餐饮等行业安装可燃气体报警装置的监督管理工作，其他有关部门在各自职责范围内依法做好相关工作。

第四十条 承担安全评价、认证、检测、检验职责的机构应当具备国家规定的资质条件，依照法律、法规以及国家标准、行业标准的规定，在资质许可的业务范围内依法独立开展业务，并将法定项目的执业信息录入安全评价机构执业行为监管系统。

承担安全评价、认证、检测、检验职责的机构及其从业人员不得实施下列行为：

（一）租借资质、挂靠；

（二）出具虚假或者失实报告；

（三）冒用他人名义在安全评价、认证、检测、检验报告或者相关原始记录中签名；

（四）项目组负责人及负责现场勘验人员未到现场开展勘验等有关工作；

（五）未如实记录过程控制、现场勘验和检测、检验的情况；

（六）擅自更改、简化法律、法规以及国家标准、行业标准规定的相关程序或者内容。

生产经营单位委托前款规定机构开展安全评价、认证、检测、检验服务的，应当对其提供的原始资料、第三方证明资料以及检测检验对象的真实性、完整性和合法性负责，承担有关法律责任。

第四章　社 会 参 与

第四十一条　各级人民政府及其有关部门应当采取多

种形式普及安全生产法律、法规和安全生产知识，开展安全生产宣传教育活动，增强全社会安全生产意识，提高事故预防和自救互救能力。

中小学校、职业学校、职业培训机构、高等院校以及党校（行政学院）等应当按照规定将安全知识普及、安全生产教育纳入教学内容。

新闻媒体应当加强安全生产公益宣传和典型案例警示教育，对违反安全生产法律、法规的行为进行舆论监督。

每年六月为安全生产月。

第四十二条 任何单位和个人发现事故隐患和安全生产违法行为的，可以采用拍摄照片、视频等方式予以记录，通过“浙里办”、12345 热线、部门举报电话等途径向负有安全生产监督管理职责的部门报告或者举报。

负有安全生产监督管理职责的部门应当完善受理、核查、处理、移送、答复等工作流程，并对报告人、举报人信息予以保密。对报告、举报重大事故隐患和安全生产违法行为的有功人员，依法给予奖励。

第四十三条 村（居）民委员会应当协助人民政府及其有关部门做好安全生产和应急救援等工作，及时报告发现的事故隐患和安全生产违法行为。

第四十四条 有关协会组织应当依照法律、法规和章程，加强行业自律，组织制定相关安全生产团体标准，推广应用安全生产先进技术，为生产经营单位提供安全生产信息、管理、技术和培训等服务，提升行业安全生产水平。

各级人民政府及其有关部门可以通过政府购买服务、资金补助、培训指导等方式，鼓励和支持协会组织参与安全生产工作。

第四十五条 本省推进安全生产社会化服务体系建设，支持、指导、规范安全生产服务机构依法提供评价、认证、检测、检验、咨询、培训等安全生产服务。

负有安全生产监督管理职责的部门可以会同有关协会组织，推动建立相关指导、评价和公开机制，及时通报安全生产服务机构的行政监管和服务评价信息。

第四十六条 鼓励和支持安全生产专家参与安全生产工作。安全生产专家可以接受负有安全生产监督管理职责的部门和生产经营单位委托，为安全生产检查、隐患排查、重大隐患整改验收、应急救援、事故调查等活动提供决策咨询和技术支撑。

负有安全生产监督管理职责的部门可以根据需要，组建安全生产专家库。

第四十七条 属于国家规定的高危行业、领域的生产经营单位，应当投保安全生产责任保险；鼓励其他生产经营单位投保安全生产责任保险。安全生产责任保险的保险费计入生产经营单位的成本。

承保安全生产责任保险的保险机构应当建立并落实生产安全事故预防服务制度，协助投保的生产经营单位开展安全生产宣传教育培训、风险辨识评估、事故隐患排查、应急预案编制和应急救援演练等工作。

省负有安全生产监督管理职责的部门可以会同省保险监督管理机构制定本行业、领域安全生产责任保险事故预防服务规范，指导保险机构开展生产安全事故预防服务。

第四十八条　因安全生产违法行为造成重大事故隐患或者导致重大事故，致使国家利益或者社会公共利益受到侵害的，人民检察院可以依法提起行政或者民事公益诉讼。

省人民检察院应当会同有关部门建立安全生产公益诉讼工作协作机制，加强安全生产协同治理。

第五章　生产安全事故的应急救援和调查处理

第四十九条　县级以上人民政府应当根据本行政区域内可能发生的生产安全事故的特点和危害，统一规划、组织和指导生产安全事故应急救援队伍建设，并按照分级储备、分级管理和分级负担的原则，储备必要的应急救援装备和物资。

乡镇人民政府、街道办事处以及功能区管理机构，应当根据实际，依托专职救援队伍，整合辖区内民兵预备役人员、基层警务人员、企业应急人员等力量，组建综合性应急救援队伍。

第五十条　负有安全生产监督管理职责的部门应当根

据生产安全事故应急救援工作的实际需要，在矿山、危险化学品、金属冶炼、城市轨道交通运营、建筑施工等重点行业、领域，建立或者依托有条件的生产经营单位、社会组织建立应急救援基地或者专业应急救援队伍。

依托生产经营单位、社会组织建立应急救援基地或者专业应急救援队伍的，负有安全生产监督管理职责的部门应当给予生产经营单位、社会组织相应补助。

第五十一条 生产经营单位发生生产安全事故后，事故现场有关人员应当立即报告本单位负责人；生产经营单位负责人应当在发生生产安全事故后一小时内向负有安全生产监督管理职责的部门报告。事故现场有关人员无法联络本单位负责人的，应当直接向负有安全生产监督管理职责的部门报告。事故涉及两个以上生产经营单位的，相关单位均应当报告。

负有安全生产监督管理职责的部门接到事故报告后，应当立即按照有关规定上报事故情况。

第五十二条 生产安全事故发生后，生产经营单位应当立即启动应急救援预案，迅速采取有效措施，组织抢救，防止事故扩大，减少人员伤亡和财产损失。

事故发生地人民政府和负有安全生产监督管理职责的部门接到事故报告后，应当立即组织救援。有关负责人应当按照生产安全事故应急救援预案的要求立即赶到事故现场；有关负责人到达事故现场前，可以根据需要指定现场有关人员临时指挥应急救援工作。

第五十三条　上级人民政府发现下级人民政府批复的事故调查报告认定事故原因不清、责任不明或者包庇、袒护负有事故责任的人员的，责令限期改正；逾期未改正的，撤销事故调查报告的批复，责令下级人民政府重新组织事故调查组进行调查或者自行组织事故调查组进行调查。

对初步认定的瞒报事故，上级安全生产委员会应当挂牌督办；必要时可以提请上级人民政府提级调查。

第五十四条　事故发生单位应当及时按照县级以上人民政府批复的事故调查报告全面落实防范和整改措施，对本单位负有事故责任的人员进行处理，并按照国家和省有关规定将落实情况报告负责事故调查的人民政府和负有安全生产监督管理职责的部门。

第六章　法律责任

第五十五条　违反本条例规定的行为，法律、行政法规已有法律责任规定的，从其规定。

第五十六条　违反本条例第十四条规定，生产经营单位未按照规定设置安全生产管理机构、配备安全生产管理人员的，责令限期改正，处十万元以下罚款；逾期未改正的，责令停产停业整顿，并处十万元以上二十万元以下罚款，对其直接负责的主管人员和其他直接责任人员处二万元以上五万元以下罚款。

第五十七条 违反本条例第二十一条第一款第一项、第四项、第五项规定，生产经营单位未落实相关安全措施的，责令限期改正，处二万元以上十万元以下罚款；逾期未改正的，责令停产停业整顿，并处十万元以上二十万元以下罚款，对其直接负责的主管人员和其他直接责任人员处二万元以上五万元以下罚款。

第五十八条 违反本条例第二十二条第一项、第三项、第四项规定，生产经营单位未落实相关安全措施的，责令限期改正，处二万元以上十万元以下罚款；逾期未改正的，责令停产停业整顿，并处十万元以上二十万元以下罚款，对其直接负责的主管人员和其他直接责任人员处二万元以上五万元以下罚款。

第五十九条 违反本条例第二十四条规定，取得不带储存的危险化学品经营许可证的单位违法储存危险化学品的，责令限期改正，处五万元以上十万元以下罚款；逾期未改正的，责令停产停业整顿直至吊销危险化学品经营许可证。

第六十条 违反本条例第二十五条规定，使用危险化学品从事生产的企业未按照规定对其安全生产条件进行安全评价的，责令限期改正，处五万元以上十万元以下罚款；逾期未改正的，责令停产停业整顿直至吊销安全生产相关许可证件。

第六十一条 违反本条例第二十七条规定，经营高风险项目的单位未制定安全操作规程，每日投入运营前未对涉及人身安全的设施、设备进行试运行和例行安全检查，或者未对安全附件和安全保护装置进行检查确认的，责令限期改正；逾期未改正的，责令停止使用有关设施、设备或者停产停业整顿，并处二万元以上十万元以下罚款，对其直接负责的主管人员和其他直接责任人员处一千元以上五千元以下罚款。

第六十二条 违反本条例第四十条第二款第三项至第六项规定的，处五千元以上二万元以下罚款，对其直接负责的主管人员和其他直接责任人员处一千元以上五千元以下罚款；情节严重的，责令停业整顿，并处二万元以上五万元以下罚款，对其直接负责的主管人员和其他直接责任人员处五千元以上二万元以下罚款。

第六十三条 本条例规定的行政处罚，由应急管理部门和其他负有安全生产监督管理职责的部门按照职责分工决定。

省安全生产许可证颁发管理机关可以将国务院《安全生产许可证条例》规定由其实施的行政处罚，委托设区的市、县（市、区）人民政府负有安全生产监督管理职责的部门实施，但吊销安全生产许可证的行政处罚除外。

第七章 附 则

第六十四条 本条例自 2023 年 3 月 1 日起施行。